FACULTÉ DE DROIT DE PARIS.

Thèse

pour la Licence.

L'Acte public sur les matières ci-après sera soutenu,
le samedi 1er août 1857, à deux heures,

Par JEAN-LUCIEN-GUSTAVE CAMBON, né à Montauban
(Tarn-et-Garonne).

Président : **M. OUDOT**, Professeur,

Suffragants :
MM. ROYER-COLLARD,
BONNIER,
DE VALROGER,

Professeurs.

DELZERS,

Suppléant.

Le Candidat répondra en outre aux questions qui lui seront faites
sur les autres matières de l'enseignement.

PARIS.

CHARLES DE MOURGUES FRERES SUCCESSEURS DE VINCHON,
Imprimeurs de la Faculté de Droit,
RUE J.-J. ROUSSEAU, 8.

—

1857.

4135.

A MES PARENTS.

A MES AMIS.

G.

JUS ROMANUM.

QUI POTIORES IN PIGNORE VEL HYPOTHECA HABEANTUR, ET DE IIS
QUI IN PRIORUM CREDITORUM LOCUM SUCCEDUNT.

(Dig., lib. xx, tit. 4. C., lib. 8, tit. 18.)

Pignus vel hypotheca, « nam inter ea nominis sonus tantum differt, » est jus in re, creditori propter aliquam obligationem a debitore constitutum, quo rem distrahere et pretio impleri liceat.

Pluribus in eadem re pignoribus concessis, quis creditorum potior habebitur ? Hujus solvendæ quæstionis causa, duæ proponuntur regulæ :

1° Prior tempore potior est jure; 2° qui concurrunt tempore concurrunt jure.

I. *Prior tempore, potior jure.*

Creditor autem aut suo proprio jure, aut in alterius locum succedendo, aut in suum potior esse tempore potest.

4

1° *Propriojure* potior est ille cum quo prius de pignore con-
venit; utrum generalis an specialis, in diem vel sub conditione,
an pura sit conventio, parum refert; posteriore enim pactu prio-
ris creditoris in re conditionem deteriorem facere debitori non
licet. Hoc tamen necesse est ut non sit in debitoris arbitrio an
res foret obligata necne; quippe si in illius potestate mansit
ut res non pignori nexa esset, pignus constitutum haberi non
potest.

De priore concedendo loco, nec quem antiquiorem, nec cui
priori rem traditam, sed cum quo priore tempore pactum fuisse
inspiciendum est.

A creditore, qui publicis instrumentis, vel privatis scripturis
probatæ opinionis trium testium attestatione munitis, ille qui
prioritatem ex privatis scripturis vindicat submoveri debet.

2° *Succedendo in alterius locum* prior est creditor qui,
posteriorem tenens locum, aut pecuniam, unde prior solvatur,
suppeditat, ea lege (aliquando subaudita), ut in domini locum
succedat, aut a priore jus nominis accepit, vel tandem priori
debitum offert, pro quo ille antecedit, eique volenti exsolvit
nolentive offert atque deponit. In isto autem casu, usurarum
quas solvit usuras a debitore non consequitur, quia suum nec
debitoris negotium gessit.

Res inter alios judicata aliis neque prodesse, neque nocere
potest : itaque non ex eo solo quod primum vicerit, creditor
nec mediis creditoribus præfertur, nec primi dejecti locum oc-
cupat.

3° Denique *in suum locum succedendo* prior esse potest qui,
acceptis pignoribus quæ secunda conventione secundus creditor
accepit, novatione postea facta, pignora prioribus addidit. Su-
perioris temporis ordinem manere primo creditori placet tan-
quam in suum locum succedenti.

Non solum ex stipulationibus, sed etiam judiciis et auctoritate prætoris, pignorum prioritas oritur; illa, pro sorte et etiam pro usuris, et iis quæ, re iterum nexa, cucurrerunt, adversus quosvis creditores prodest.

Solus prior creditor jure distrahendi utitur, nisi de generali agatur pignore, et quædam ei specialiter pignorata ad eum tuendum sufficiant; atque si rem ipse possideat, alium vendicantem exceptione repellet; si possideat alius, excipientem replicatione vincet.

Exceptiones, hæc regula, « *prior tempore potior jure,* » duas patitur : alteram, si, priore consentiente, rem secundo creditori hoc consensu potiori nexa fuerit; alteram, si lege privilegiatum pignus erit; in ea enim pignorum specie, non ex tempore, sed ex causa prioritas nascitur.

II. *De regula : qui concurrunt tempore concurrunt jure.*

Si pluribus res simul pignori detur, æqualis omnium causa est. Exceptionem hæc regula patitur, si quis partem nominis sub pignoribus contracti vendidit, emptori præfertur, quamvis et tempore et causa concurrant.

Sed fiscum eis creditoribus quibuscum concurrit, præferendum esse non admitti videtur.

POSITIONES.

I. Creditor cui bona universa creditoris fuerunt obligata potior est eo cui postea pignus in iisdem bonis datur.

II. Tertius ordine creditor qui priorem vicit non ideo secundo præfertur.

III. Quamdiu manet in potestate debitoris rem non obligari pignus vere constitutum dici non potest.

IV. Fiscus creditoribus quibuscum concurrit non præfertur.

DROIT FRANÇAIS.

(Code Nap., art. 2092-2094, art. 2114 à 2147, art. 2151. Code de proc. civ., article 832-838, art. 749-779. Code de com., art. 446 et 448, art. 552-556. Ordonnance de janvier 1629. Loi du 3 septembre 1807, sur les hypothèques judiciaires.)

DES HYPOTHÈQUES.

« La matière des hypothèques, disait M. Réal, est sans con-
« tredit la plus importante de celles qui doivent entrer dans
« la composition d'un Code civil. Elle intéresse la fortune mo-
« bilière et immobilière de tous les citoyens. Elle est celle à
« laquelle toutes les transactions sociales se rattachent. Suivant
« la manière dont elle sera traitée, elle donnera la vie et le
« mouvement au crédit public et particulier, ou elle en sera
« le tombeau.

« On ne trouvera rien d'exagéré dans ces paroles, ajoute
« M. Troplong, après cette citation, en tête de son traité sur
« les priviléges et les hypothèques, si l'on considère que c'est
« l'hypothèque qui conserve aux familles le précieux patri-
« moine des épouses, qui protége la fortune de ceux à qui leur

« âge ou leur incapacité morale ne permet pas de surveiller
« leurs intérêts, qui soutient, qui relève le crédit des particu-
« liers, qui favorise le placement des capitaux étrangers au
« commerce, qui porte le numéraire au secours de l'agricul-
« ture et des spéculations civiles, et qui enfin, comme un
« puissant lévier, donne le mouvement aux plus importantes
« transactions, par cela même qu'elle les environne des plus
« solides garanties. »

PRINCIPES GÉNÉRAUX.

L'art. 2092 du Code Nap. pose cette règle fondamentale de
la matière des priviléges et des hypothèques : « Quiconque s'est
« obligé personnellement est tenu de remplir son engagement
« sur tous ses biens mobiliers et immobiliers, présents et à
« venir. »

C'est là un principe de droit naturel, conforme à la raison.
L'histoire nous le montre toujours appliqué et rigoureusement
sanctionné : la fameuse loi des Douze Tables, cette base de la
législation romaine, autorisait les créanciers à se partager le
corps de leur débiteur insolvable : *tertiis nundinis partis secanto;
si plus minusve secuerunt, se fraude esto*; le corps même de
l'obligé, faute d'autres biens, répondait directement de l'exécution de l'obligation.

De cette première règle découle cette autre, que si plusieurs
créanciers ont contracté avec le même débiteur, la garantie
sera la même pour tous : « Le patrimoine du débiteur est le
gage commun de tous ses créanciers (2093). »

La première de ces deux règles doit être absolue : on ne saurait y déroger sans violer ce grand principe de droit et d'é-
quité, que nul ne peut s'enrichir aux dépens d'autrui. Mais la
seconde doit être tempérée par des exceptions ; « à moins qu'il

n'y ait outre les créanciers des causes légitimes de préférence,
dit l'art. 2093 *in fine.* »

En effet, ce n'est qu'en supposant toutes choses égales entre
eux qu'on donne aux créanciers des droits égaux sur les biens
de leur débiteur. Mais, comme ce gage ne présente pas toujours
une garantie de payement efficace (l'obligation par elle-même
ne donnant d'action sur les biens qu'à raison de la personne), et
que le débiteur peut néanmoins porter atteinte aux droits de
ses créanciers par des aliénations postérieures ou de nouveaux
engagements qui, augmentant le nombre des ayants droit, dimi-
nuent par cela même la part de chacun, on a dû permettre
au créancier prudent, qui ne trouvait pas une garantie suffisante dans la personne de son débiteur, de s'assurer un droit
sur la chose même, droit qui la saisît principalement et la sui-
vît partout indépendamment de toute aliénation.

La loi, de son côté, assure le payement de certaines
créances, qui méritent plus de faveur que d'autres, par des
sûretés qu'elle crée indépendamment de toute convention.

« Les causes légitimes de préférence sont les privilèges et
hypothèques » (2094). Toutefois, cet article n'est pas limitatif.
Ainsi, le gage proprement dit, le dépôt, etc., sont aussi des
causes de préférence.

I. *De la nature de l'hypothèque.*

Le Code (2114) définit l'hypothèque « un droit réel sur les
« immeubles affectés à l'acquittement d'une obligation. »

Ce n'est pas une simple créance, un droit simplement relatif
à tel ou tel débiteur déterminé. Elle est inutile lorsqu'on l'en-
visage dans les rapports du créancier et de son débiteur. En
effet, le créancier hypothécaire n'a pas à l'égard de son débiteur de droits plus étendus qu'un créancier chirographaire ; car

la saisie et la vente des biens peuvent être faites en vertu d'une créance non hypothécaire.

L'hypothèque est un droit absolu, opposable à toute personne, un droit réel, *jus in re*, qui s'attache à l'immeuble hypothéqué. Elle confère donc au créancier deux avantages : 1° un droit de préférence (2094), qui lui permet de se faire payer sur le prix de l'immeuble affecté avant d'autres créanciers; 2° un droit de suite (2114-3° et 2166), par lequel il peut forcer les tiers acquéreurs d'abandonner l'immeuble ou d'en subir l'expropriation, s'ils ne préfèrent payer le montant intégral de la dette.

L'hypothèque étant un droit réel, on a soulevé la question de savoir si elle est *un démembrement de propriété*.

Ne serait-il pas plus simple de dire qu'elle est *une modification de la propriété?*

En effet, qu'est-ce qu'un démembrement de propriété? On dit pour le définir : la pleine propriété est la réunion de tous les droits réels; dès qu'un tiers acquiert l'un de ces droits, la propriété n'est plus entière; tout droit réel considéré à part est donc un démembrement de propriété.

C'est là une définition sans fondement dans le Code; l'article 543 ne peut même servir à l'appuyer. Nulle part il n'est question de démembrement de propriété. Mais l'article 544, qui définit la pleine propriété, ajoute que « certain usage des « choses peut être prohibé par les lois ou règlements. » Ne pourrait-on appliquer ceci à l'hypothèque, et considérer les obstacles qu'elle apporte à la libre disposition de l'immeuble affecté comme une modification du droit de propriété établie par la loi conformément à ce qui est énoncé dans l'art. 544?

L'hypothèque est un droit accessoire, elle ne se conçoit pas sans l'existence d'une obligation. Au point de vue du droit qu'elle garantit, point de vue actif pour ainsi dire, elle est mobilière le plus souvent, car elle garantit ordinairement une créance d'argent; mais au point de vue de l'objet sur lequel elle porte, point de vue passif, elle sera toujours immobilière (2114-1°, 2118).

Elle est *indivisible* (2114-2°), c'est-à-dire que l'immeuble hypothéqué et chacune de ses portions sont affectés au payement de la dette entière et de chacune de ses fractions : *est tota, et tota in qualibet parte.* Mais cette indivisibilité n'est pas de l'essence de l'hypothèque, elle est seulement de sa nature : les parties peuvent donc y déroger par des conventions.

Il est bon de remarquer que la manière d'acquérir l'hypothèque est du droit civil, mais qu'elle est en soi du droit naturel, puisqu'elle est pratiquée chez toutes les nations civilisées. Il suit de là qu'un étranger peut acquérir une hypothèque sur les biens situés en France, en observant les formalités prescrites par la loi française.

II. *Des biens susceptibles d'hypothèques.*

L'hypothèque peut exister sur les biens immobiliers qui sont dans le commerce (2118); mais on n'en doit pas conclure que toute chose comprise sous le nom générique d'immeuble puisse être hypothéquée.

En comparant l'art. 2118, qui énumère quels immeubles peuvent être hypothéqués, et l'art. 2204, qui énumère ceux qui sont susceptibles d'expropriation forcée, on remarque que chacun cite les mêmes immeubles en employant les mêmes termes. De là on tire ce principe que, *sont seuls susceptibles d'hypothèques les immeubles qui peuvent être vendus aux enchères.* En effet, le principal but de l'hypothèque n'est-il pas de conférer au créancier le droit de convertir la chose en argent par voie judiciaire, afin d'être payé, par préférence, sur le prix?

Ainsi sont susceptibles d'hypothèques :

1° Les immeubles par leur nature (518-521), qui peuvent être expropriés (2204).

On peut les hypothéquer en tout ou en partie.

2° Les immeubles par destination, en tant qu'accessoires des immeubles par nature; car une fois détachés du fonds, ils redeviennent de véritables meubles, et par conséquent, ne peuvent faire l'objet d'une expropriation forcée ni d'une hypothèque (2118-1°).

3° L'usufruit des mêmes immeubles pendant le temps de sa durée (2118-2°, 2204).

Cette hypothèque survit même à l'usufruit, s'il s'éteint par le fait de l'usufruitier, soit par exemple qu'il acquière la nue propriété ou renonce à son droit.

Elle ne s'exerce que sur le droit même et non sur les fruits; car ceux-ci ne représentent point l'usufruit; et leur perception n'est que la conséquence du droit mis en activité. D'ailleurs, leur qualité de meubles les met à l'abri de l'hypothèque, et les rend le gage de tous les créanciers, même des chirographaires.

Outre ces immeubles énumérés dans les articles 2113 et 2204, il y a encore certaines propriétés superficiaires qui, pouvant être expropriées, peuvent être soumises à hypothèques, telles que celle des constructions élevées sur le domaine public par concession du gouvernement; celle des divers étages d'une maison, et celle du fermier par bail à domaine congéable (bail par lequel le propriétaire cède la jouissance de son héritage moyennant redevance, et aliène au profit du preneur la propriété des édifices, sous la simple faculté de les racheter à dire d'experts à la fin du bail).

Des lois spéciales désignent encore d'autres biens pouvant

être l'objet d'une expropriation forcée et d'une hypothèque, ce sont :

Les mines considérées comme immeubles distincts du fonds sous lequel elles se trouvent ;

Les actions immobilisées de la banque de France, et celles des canaux d'Orléans et de Loing.

Ne sont pas susceptibles d'hypothèques :

1° L'usage et l'habitation, droits incessibles, ne pouvant être expropriés (631, 634 et 2204).

2° Les servitudes comprises dans l'hypothèque du fonds dominant, ne pouvant être vendues aux enchères indépendamment de l'immeuble dont elles sont une qualité active : elles ne peuvent par suite être l'objet d'une hypothèque particulière.

L'emphytéose, qui était autrefois un droit réel immobilier, transmissible aux successeurs universels ou particuliers, n'existe plus aujourd'hui, et ne peut par conséquent être hypothéquée.

Ce mot n'est employé que pour désigner un simple bail, plus long que les baux ordinaires (ex. Loi du 8 novembre 1814 sur la liste civile, art. 15) ; et si, en l'employant, les parties ont voulu que la pleine propriété soit transférée à la charge d'une redevance déterminée, le droit à cette redevance devra se réduire à une créance mobilière essentiellement rachetable.

La législation moderne a simplifié l'ancienne propriété foncière : plus de droits perpétuels (art. 530 et 686); le Code ne la mentionne nulle part, et l'énumération des droits réels doit être limitative. D'ailleurs, l'art. 2118, copié presque textuellement sur l'art. 6 de la loi de brumaire, où elle se trouve énumérée au nombre des biens immobiliers susceptibles d'hypothèque, montre bien que les rédacteurs l'ont passée sous silence avec l'intention de la supprimer.

Les actions immobilières, telles que celles en revendication, réméré, rescision pour lésion, nullité, etc..., et les droits conditionnels, n'étant que des droits incorporels, sans base solide, ne peuvent être compris dans les biens immobiliers dont il est question aux art. 2118 et 2204. En outre, ces articles qu'on doit interpréter limitativement, vu la matière exceptionnelle dont ils traitent, ne mentionnent que l'usufruit comme immeuble incorporel.

Il faut donc décider que les actions immobilières et les droits conditionnels ne peuvent être ni hypothéqués ni vendus aux enchères; mais rien n'empêche de consentir sur l'immeuble que l'action a pour objet, ou dont la propriété est soumise à une condition, une hypothèque soumise pour sa validité au triomphe de l'action ou à l'événement de la condition (2125). Le créancier hypothécaire peut aussi exercer l'action en revendication, nullité, rescision, etc... du chef de celui de qui il tient l'hypothèque, et remplir la condition, si elle peut l'être par un tiers.

Aujourd'ui on n'admet plus d'hypothèque donnée en sous-ordre sur une première hypothèque (art. 778, C. de procéd.). Le créancier peut seulement donner en gage sa créance hypothécaire, ce qui revient à une cession dans le cas de non-payement; ou bien encore il subroge simplement dans son hypothèque, qui se trouve détachée en quelque sorte de la créance et transférée au nouveau créancier.

Des art. 2114 et 2118, il résulte clairement que les meubles ne peuvent être hypothéqués; la possibilité de les donner en gage, les entraves que le droit de suite apporterait au commerce, la difficulté d'instruire les tiers de l'existence du droit de préférence, le défaut de substance stable et permanente, ont déterminé le législateur à prohiber l'hypothèque des meubles.

On comprend donc difficilement l'art. 2119, qui, littéralement interprété, semble dire le contraire. C'est qu'il reproduit une

maxime reçue dans certaines coutumes, notamment celles de
Paris et d'Orléans, qui signifiait autrefois que nul titre, même
authentique, ne confère au créancier le droit d'exécution forcée sur les meubles transférés à des tiers par le débiteur; mais
avec le nouveau sens donné à l'hypothèque, elle signifie aujourd'hui que les meubles ne peuvent être hypothéqués. C'est
donc une répétition inutile et même dangereuse à cause des
termes.

Bien que les immeubles par destination redevenus meubles,
et les portions d'immeubles devenus meubles échappent à l'hypothèque, le créancier a néanmoins certaines ressources pour
se préserver du préjudice causé par la dénaturalisation du gage;
il peut invoquer selon le cas les art. 1143, 1144, 1167, 1180,
1188, 2131, etc.....

Malgré l'hypothèque, le propriétaire a toujours le droit d'ad-
ministrer ses biens et d'en percevoir les fruits et revenus.

III. *Des différentes espèces d'hypothèques.*

L'hypothèque n'a lieu que dans les cas et suivant les formes
autorisées par la loi (2115); donc, à proprement parler, toutes
les hypothèques sont légales. Cependant, en considérant leur
cause immédiate, on les divise en trois classes, selon qu'elles
dérivent de la loi médiatement ou immédiatement; elles sont
légales, judiciaires ou conventionnelles (2116).

1° *Des hypothèques légales.*

L'hypothèque légale est celle qui dérive directement de la
loi (2117-1°), sans qu'il soit besoin de convention.

Les hypothèques légales sont au nombre de cinq :

1° Celle des femmes mariées sur les biens de leurs maris
(2121-1°).

2° Celle des mineurs et interdits sur les biens de leurs tuteurs (2121-2°);

3° Celle de l'État, des communes et des établissements publics sur les biens des comptables (2121-3°; loi du 5 septembre 1807).

4° Celle des légataires sur les immeubles de la succession (1017-2°).

5° Le privilége dégénéré en hypothèque pour défaut d'inscription dans le délai légal (2113).

On pourrait peut-être ajouter une sixième hypothèque légale : celle existant au profit des créanciers du failli sur les immeubles, dont les syndics doivent prendre inscription (C. com., art. 490-3°). Quoiqu'elle résulte du jugement de déclaration de faillite, puisqu'il faut que la faillite soit dûment constatée, on ne saurait la regarder comme hypothèque judiciaire, le jugement ne portant pas condamnation.

En principe, les hypothèques légales sont générales (2122); néanmoins, celle des légataires ne frappe que les immeubles de la succession, et le privilége dégénéré en hypothèque, les immeubles sur lesquels la loi l'avait établi.

En principe aussi, elles sont soumises à l'inscription (2134), sauf celles de la femme mariée et du mineur ou de l'interdit (2135).

1° De l'hypothèque légale de la femme mariée.

Cette hypothèque, fondée sur la protection due à la femme à raison de son impuissance morale, résulte de la célébration du mariage légalement contracté en France ou à l'étranger; et garantit toutes les créances de la femme sous quelque régime que les époux soient mariés, quelle que soit l'origine de l'obligation.

On a agité la question de savoir si la femme étrangère a hypothèque légale sur les biens de son mari situés en France.

L'opinion généralement adoptée, c'est que cette hypothèque existe, parce que la loi des hypothèques est un statut réel. Mais ne doit-on pas dire, au contraire, que l'hypothèque légale est une dépendance du statut personnel ou de la loi qui règle directement et principalement l'état et la capacité des personnes : car la loi qui l'accorde organise la famille, règle l'état des époux et leurs rapports entre eux ; et que, par conséquent, la femme n'aura d'hypothèque légale en France, que si la loi de son pays lui en accorde une ?

Dans ce cas on ne pourrait la lui refuser, malgré les art. 11 et 13 qui refusent certains droits civils aux étrangers, sans les spécifier ; car, en principe, on accorde aux étrangers tous les droits qui ne leur sont point enlevés par une disposition formelle de la loi.

La manière dont l'hypothèque légale est organisée dans le Code et les dangers qui peuvent résulter pour les tiers de l'absence des formes (publicité du mariage surtout), ne sont pas un motif suffisant pour refuser l'hypothèque légale à la femme étrangère.

L'hypothèque légale frappe sur tous les biens présents et à venir du mari ; sur ceux dont la propriété est soumise à une condition, elle existe avec la même condition. Mais elle est irrévocablement acquise à la femme, dans les cas exceptionnels prévus par les art. 952 et 1054, sur les biens qui n'appartiennent au mari que sous condition résolutoire.

La femme a hypothèque sur les conquêts de communauté qui n'ont point été aliénés pendant la communauté, lorsqu'elle renonce, parce que le mari en réalité en a toujours été propriétaire.

Si elle accepte, son hypothèque frappe sur la part du mari;

çar, par l'effet déclaratif du partage, cette part est réputée avoir appartenu à lui seul.

Dans le cas où les immeubles ont eté aliénés par le mari pendant la communauté, en considérant le mari comme administrateur, aliénant tant en son nom qu'au nom de sa femme les immeubles de la communauté, l'art. 2121 sera sans application, puisqu'il ne parle que des immeubles du mari. On doit donc dire que, soit qu'elle accepte, soit qu'elle renonce, la femme n'a point hypothèque.

Afin de raffermir le crédit commercial souvent ébranlé par la dissipation des époux, et même par les fraudes concertées entre eux, le Code de commerce a apporté des dérogations toutes défavorables à la femme. Lorsque le mari est commerçant au moment de la célébration du mariage, ou lorsque, n'ayant pas d'autre profession déterminée, il l'est devenu dans l'année, l'hypothèque de la femme est restreinte aux immeubles qui lui appartenaient lors du mariage ou qui lui sont advenus depuis à titre gratuit (C. com., 563).

La femme de plus n'a aucun droit à raison des avantages portés au contrat de mariage; sauf cette modification, elle a les mêmes créances que celles portées au Code Napoléon (C. com., 564).

2° De l'hypothèque légale des mineurs et interdits.

Cette hypothèque, fondée sur le même motif que celle de la femme, a pour objet d'assurer le payement tant des sommes dont le tuteur est débiteur par suite de sa gestion, que de ses dettes personnelles envers le pupille devenues exigibles pendant la tutelle (2121).

Elle grève tous les biens présents et à venir de ceux qui y sont soumis (2122), et s'étend à tout ce qui se réfère à la gestion

du tuteur et constitue un droit ou une créance (2135) ; sommes principales dont le tuteur est reliquataire, accessoires et frais faits pour opérer la reddition de compte.

Elle s'exerce pour tout redressement de compte pendant les dix ans qui suivent la majorité, et prime dans ce cas même les hypothèques acquises contre le tuteur postérieurement à la reddition de compte.

Il faut comprendre sous le nom de tuteur toute personne à qui la loi donne cette qualification : les protuteurs (417-1°), cotuteurs (396), et tuteurs officieux (361).

La femme qui se remarie et qui ne convoque pas le conseil de famille (355) perd de plein droit la tutelle. Cependant il est possible qu'elle continue en fait de la gérer ; ses biens seront-ils alors grevés d'une hypothèque au profit de l'enfant ?

Evidemment elle n'est plus tutrice, puisque la loi la déclare déchue de la tutelle, on ne peut donc appliquer ici l'art. 2121 ; mais ne peut-on pas dire que l'hypothèque légale du mineur conserve toutes les créances comprises au compte de tutelle, qu'il n'y a qu'un seul compte, et par suite un seul reliquat renfermant même les créances qui sont la suite de l'indue gestion ?

Quant au second mari, il ne saurait y avoir d'hypothèque sur ses biens, parce qu'il y a bien plus de gravité à créer une nouvelle hypothèque que la loi n'a point prévue, l'hypothèque légale étant de droit strict.

Mais l'hypothèque ne doit pas s'étendre aux biens du subrogé tuteur qui ne fait que surveiller l'administration du tuteur, même quand il gère accidentellement la tutelle (420). Car cette distinction a été rejetée par les rédacteurs du Code ; aux biens du père administrateur des biens personnels de son enfant mineur (389) : la loi n'a pas voulu que les biens du père fussent frappés d'une double hypothèque.

Elle n'existe pas non plus au profit des personnes pourvues d'un curateur ou d'un conseil judiciaire (480, 513), au profit des appelés sur les biens du tuteur nommé pour surveiller l'exécution de la substitution (1055). Elle n'existe même pas sur les biens de l'administrateur provisoire qui peut être nommé par le tribunal pendant le cours de la procédure en interdiction.

Un acte de tutelle fait en pays étranger emporte hypothèque en France au profit d'un mineur français, parce que l'hypothèque découle non de l'acte de nomination du tuteur, mais du concours de la qualité de tuteur avec la volonté de la loi; tutelle et hypothèque sont deux idées corrélatives d'une manière absolue, et l'acte fait à l'étranger a autorité de créance, pourvu qu'il soit fait selon les formes du pays, *locus regit actum.*

De même que la femme étrangère, le mineur étranger ne pourra réclamer d'hypothèque sur les biens de son tuteur situés en France, que si la loi de son pays lui en accorde une; car elle n'est que la conséquence de la loi sur la tutelle, qui est un statut personnel.

3° *Hypothèque légale de l'État, des communes et des établissements publics.*

Cette hypothèque ne frappe pas tous les comptables, malgré la généralité de l'art. 2121-3°; une loi du 5 septembre 1807 la restreint aux receveurs généraux et particuliers, aux payeurs généraux et divisionnaires, aux payeurs dans les ports et armées. Les droits du trésor sont, en outre, garantis par un privilége sur les biens acquis à titre onéreux pendant leur gestion par les comptables ou par leurs femmes. La femme est cependant admise à prouver que les immeubles par elle acquis l'ont été en réalité de ses propres deniers.

II. *Des hypothèques judiciaires.*

Cette hypothèque résulte des jugements, ou décisions sur un différend, et des actes judiciaires, ou constatation d'un fait (2117-2°); elle frappe tous les biens présents et à venir du débiteur; son but est d'assurer l'exécution des jugements.

Pour emporter hypothèque, le jugement doit condamner à une obligation; ainsi l'exigeaient les lois antérieures au Code, qui doivent servir d'interprétation à l'art. 2123; d'ailleurs le mot *obtenu*, employé dans l'article, fait bien voir qu'il s'agit du cas où il y a un demandeur et un défendeur, une partie qui triomphe sur l'autre, qui est condamnée.

Mais l'hypothèque existe même pour les frais, dépens, dommages-intérêts, amendes, et peu importe que le jugement soit contradictoire ou par défaut, définitif ou provisoire, rendu par un tribunal civil criminel, de commerce, juge de paix ou conseil de préfecture.

— Un jugement qui ordonne une reddition de compte ne produit point d'hypothèque, parce qu'il ne prononce pas de condamnation, il n'oblige pas à payer une somme; la seule obligation est de rendre compte, et, s'il y a reliquat, il faut une seconde décision pour condamner à payer, et, par suite, soumettre à l'hypothèque.

Il faut en dire autant du jugement qui accepte une caution, et du jugement nommant un curateur à une succession vacante, qui ne contient pas, comme on l'a dit, l'obligation implicite de rendre compte et de payer le reliquat, car celle-ci ne peut résulter que de l'acceptation, élément essentiel à son existence.

De même pour les jugements envoyant en possession provisoire des biens d'un absent, où il n'est pas besoin d'acceptation postérieure. Puisque ce sont des envoyés qui sollicitent le ju-

gement, on peut dire que le jugement ne renferme aucune condamnation ; d'ailleurs, l'hypothèque n'existe qu'en faveur de
celui qui a obtenu le jugement; ici elle serait donc sans valeur,
et puis l'art. 120 exige une caution.

— Le jugement rendu contre une femme mariée sous le régime dotal semble devoir donner hypothèque sur sa dot pour
une dette antérieure au mariage, malgré l'art. 1558 ; car, dans
ce cas, la permission de justice pour hypothéquer est implicite-
ment comprise dans le jugement; on doit dire le contraire pour
une dette contractée durant le mariage, l'immeuble dotal étant
inaliénable (1554).

— L'hypothèque judiciaire, résultant d'un jugement obtenu
contre le mari pour une dette contractée durant la communauté, frappe la part échue à la femme dans les conquêts de la
communauté, après la dissolution de cette dernière (1409-2°) ;
elle ne la frappe point pour la dette antérieure.

— Quel est l'effet hypothécaire d'un jugement obtenu par un
créancier chirographaire contre la succession de son débiteur?

Si la succession est acceptée sous bénéfice d'inventaire ou
vacante, pas d'hypothèque (2146).

Si elle est acceptée purement et simplement, il y aura hypothèque judiciaire, tant sur les biens de la succession, que sur
les biens personnels des héritiers eux-mêmes, résultant de la
condamnation obtenue contre les héritiers (chacun pour leur
part et portion) qui représentent le défunt.

Le créancier est devenu créancier des héritiers; l'hypothèque
frappe sur les biens personnels de chaque héritier, et, par
suite, sur la portion leur afférant dans la masse héréditaire;
tous ces biens sont confondus par suite de l'acceptation (873).

— Les jugements rendus à l'étranger par des magistrats
français produisent hypothèque comme ceux rendus en France.

Quant aux jugements rendus en pays étranger par des juges

étrangers, ils emportent de plein droit hypothèque, s'ils ont été
rendus exécutoires par un tribunal français, à moins que la
force exécutoire ne leur soit attribuée par des lois politiques
ou des traités (2123-4°).

Mais ont-ils force de chose jugée en France; le tribunal français requis d'imprimer au jugement la force exécutoire a-t-il
droit d'examiner de nouveau l'affaire?

C'est là une question vivement controversée; mais on peut
soutenir, en s'appuyant sur le texte de l'art. 2123, que le
jugement a force de chose jugée en France, puisqu'il est dit
que c'est lui qui emporte hypothèque : il ne lui manque que
la force exécutoire. Mais le tribunal français doit s'assurer si
l'acte qui est présenté a les caractères d'un jugement, s'il n'est
pas frappé de nullité, si les signatures sont celles des juges, et
surtout si les voies d'exécution qu'il autorise ne sont pas contraires à la loi française; cet examen doit être fait par le tribunal entier, à cause des difficultés qu'il peut présenter.

C'est en vain qu'on veut distinguer, en invoquant l'art. 121
de l'ordonnance de 1629; il est abrogé par l'art. 2128, qui fait
partie d'un système hypothécaire complet (loi du 30 ventôse
an XII).

La loi attache une hypothèque judiciaire aux actes judiciaires
comme aux jugements, mais non point à tous les actes judiciaires, malgré l'art. 2117; c'est seulement *à la reconnaissance
faite devant le tribunal d'une signature sur un acte sous seing privé*,
ainsi que le dit l'art. 2123, article placé au sein de la matière
et qui doit renfermer la pensée du législateur.

Dans l'ancien droit, les actes authentiques emportaient hypothèque. Cette règle, abolie pour les actes notariés, a été main-
tenue dans le Code pour les actes judiciaires. De graves inconvénients ont été produits par cette inadvertance des rédacteurs
ou par leur servilité à copier l'ancienne législation. Aussi une

loi du 3 septembre 1807 a heureusement modifié l'injustice de cette théorie. Il est étrange, en effet, qu'un créancier purement chirographaire puisse, à son gré, longtemps peut-être avant l'exigibilité de la dette, se procurer une hypothèque générale au détriment du débiteur qui n'avait engagé que sa garantie personnelle. La nouvelle loi retarde l'inscription jusqu'à l'exigibilité.

Les sentences arbitrales emportent aussi hypothèque, mais pour cela elles doivent être rendues exécutoires par ordonnance du président du tribunal (2123-3°).

L'hypothèque résultant du jugement même peut être prise immédiatement après la prononciation, malgré l'art. 147, Code proc. ; car elle n'est qu'un acte de conservation et non point un acte d'exécution.

Lorsque le jugement réformé sur certains points est maintenu sur d'autres, l'hypothèque reste valable pour les parties confirmées.

L'hypothèque légale et celle judiciaire existent l'une et l'autre indépendamment de toute convention. Le Code n'a pas cru pouvoir les spécialiser, elles embrassent donc tous les immeubles.

2148-5°. Une seule inscription pour ces hypothèses embrasse tous les immeubles compris dans l'arrondissement.

III. Des hypothèques conventionnelles.

Cette hypothèque est celle qui dépend de la convention et de la forme extérieure des actes (2117-2°).

Elle ne peut être consentie que par ceux qui ont la capacité d'aliéner les immeubles qu'ils y soumettent (2124). Sans doute parce que l'hypothèque produit des effets aussi désastreux que l'aliénation.

Ce principe souffre pourtant deux exceptions : 1° le mari peut hypothéquer, jusqu'à concurrence de la portion ameublie, les immeubles ameublis par sa femme jusqu'à concurrence d'une certaine somme (1507-3°) ; 2° le mineur émancipé commerçant peut hypothéquer ses immeubles (6, C. Com.).

La femme, sous tous les régimes, a besoin de l'autorisation du mari ; mais quand elle est marchande publique., elle peut les hypothéquer tous, sauf ceux dotaux (7, C. Com., 554).

La nullité de l'hypothèque consentie par la femme sans autorisation peut être opposée par elle, son mari, leurs héritiers et même par les créanciers personnels de la femme (1166), car il n'y a point là droit personnel.

Ceux qui n'ont sur l'immeuble qu'un droit conditionnel ou résoluble dans certains cas et sujet à rescision, ne peuvent consentir qu'une hypothèque soumise aux mêmes conditions ou à la même rescision (2125); ils ne peuvent donner plus qu'ils n'ont ; on trouve néanmoins des exceptions dans les art. 132, 133, 952, 958, 1054, etc.

Une règle assez générale à suivre pour l'application du principe posé art. 2125, c'est que, quand la résolution du droit se fait pour cause nécessaire, les hypothèques contractées depuis la constitution de ce droit sont résolues; si c'est pour cause volontaire, elles subsistent.

Les biens des mineurs et interdits ne peuvent être grevés d'hypothèque que dans les formes et pour les causes établies par la loi (2126, 457 et 458).

Le mineur émancipé ne peut valablement hypothéquer ses biens pour sûreté des obligations qu'il peut contracter dans la limite d'une simple administration, puisqu'il ne peut aliéner (484).

L'hypothèque consentie par une personne qui n'est pas propriétaire est nulle, sans existence, puisque l'art. 2129 exige que les immeubles appartiennent actuellement. Elle reste nulle bien que le constituant devienne plus tard propriétaire de l'immeuble par lui hypothéqué; car un acte nul dans son principe, ne peut jamais valoir. Ainsi celle consentie par le tuteur qui n'observe pas les formalités prescrites est nulle, puisqu'il agit en dehors de son mandat; c'est un tiers, un *non dominus.*

L'hypothèque consentie par le mineur lui-même est nulle pour défaut de formes, mais il peut valablement la ratifier (1311).

Les biens des absents peuvent être grevés d'hypothèque par les envoyés en possession provisoire; incapables de les aliéner. ils doivent être autorisés par un jugement (2126).

L'hypothèque conventionnelle ne peut être consentie que par acte notarié (2127).

Les actes passés par les autorités administratives dans le cercle de leur attribution ne peuvent donc conférer hypothèque.

Les actes sous seing privé contenant promesse d'hypothèque ne confèrent hypothèque que reconnus par jugement, mais alors hypothèque judiciaire *générale.*

Si le débiteur satisfait à son engagement, il y a l'hypothèque conventionnelle et celle générale; et le créancier ne fera usage de cette dernière que si la première est insuffisante.

Lorsque les actes sous seing privé sont reconnus devant notaire, c'est la reconnaissance qui donne hypothèque.

L'hypothèque consentie par acte authentique sur un bien vendu antérieurement par acte sous seing privé est valable. Pour appliquer l'art. 1322 il faudrait un titre commun.

Le Code a refusé aux contrats passés en pays étrangers le pouvoir de constituer hypothèque sur les biens de France, à moins qu'il n'y ait des dispositions contraires à ce principe dans les lois politiques ou dans les traités (2128). Cette bizarrerie regrettable tient à un souvenir maladroit de l'ancienne jurisprudence dans laquelle on confondait à tort le droit hypothécaire et la force exécutoire.

Pour que l'hypothèque conventionnelle soit valable, il faut que l'acte qui la constitue contienne deux choses :

1° L'énonciation de la créance pour laquelle l'hypothèque est donnée. Cette créance doit être certaine et déterminée par l'acte constitutif, sinon cette circonstance doit être indiquée ; ainsi doit être compris l'art. 2132, malgré sa mauvaise rédaction.

Il faut remarquer, au sujet de cet article, que l'évaluation inscrite de la créance indéterminée devient définitive à l'égard du créancier envers les tiers qui ont traité postérieurement avec le débiteur, mais non envers celui-ci ;

2° L'énonciation de la nature et de la situation de chacun des immeubles hypothéqués (2129).

Il suffit que les parties emploient une désignation qui ne laisse aucun doute sur l'identité de l'immeuble.

Cette nécessité d'indiquer spécialement les immeubles hypothéqués a été imposée par le législateur dans le but d'éviter les hypothèques générales qui ruinent le crédit du débiteur. Les rédacteurs du Code, tout en lui permettant de soumettre à l'hypothèque tous les biens présents, lui ont conservé pour l'avenir un reste de crédit par la prohibition d'engager ses biens futurs (2129-2°).

Les biens à venir ne pouvant donc être hypothéqués, toute hypothèque générale est nulle à l'égard de tous ceux qui ont intérêt, et même à l'égard du débiteur ; elle ne peut être changée par le seul fait du juge en une autre hypothèque valable.

L'hypothèque consentie sur un domaine dont on n'est pas propriétaire, sous la condition qu'on le deviendra, est valable ; car il y a là spécialité et condition suspensive (2129-2125).

Le principe de la spécialité présente de grands avantages,

surtout pour l'inscription qu'elle prépare, et par suite, pour la publicité assurée elle-même par l'inscription.

Mais on a dû introduire une exception dans le cas où les biens présents et libres du débiteur sont insuffisants pour la sûreté de la créance (2130). Néanmoins elle subsiste pour prévenir un des abus les plus dangereux, dans le cas où les biens présents étant suffisants une fausse déclaration viendrait étendre l'hypothèque aux biens à venir. L'art. 2130 exige en effet deux conditions : la déclaration et l'insuffisance réelle; l'hypothèque sera donc nulle dans le cas de fausse déclaration; les tiers intéressés, le débiteur même pourront la faire tomber en prouvant qu'elle a été constituée en fraude de la loi.

On peut même hypothéquer ses biens à venir sans rien posséder, ou lorsque les biens présents sont grevés pour des sommes absorbant leur valeur. C'est là une opinion contraire à la lettre, mais conforme à l'esprit du Code (*biens présents et libres*, dit l'art. 2130), qui veut secourir le débiteur dont les facultés sont trop faibles; or celui qui ne possède rien ou dont tous les biens sont chargés, est mieux dans les conditions que celui qui a des biens seulement insuffisants.

D'ailleurs la condition qu'on exige est si facile à remplir qu'en réalité on n'en doit pas tenir compte; le créancier peut avancer une somme minime au débiteur pour acheter une parcelle de terre.

L'art. 2130 dit que le créancier *peut consentir*; l'hypothèque existe donc réellement dès ce moment, et il n'est pas besoin de nouvel acte, à chaque nouvelle acquisition, pour spécialiser l'hypothèque.

L'inscription doit être prise sur chacun des immeubles à mesure de leur acquisition; mais l'inscription prise dans un bureau ne frappe pas les biens que le débiteur acquiert ensuite dans le même bureau. L'art. 2148, n° 5, dernière phrase, ne fait exception que pour les hypothèques légales et judiciaires.

Si les immeubles assujettis à l'hypothèque ont péri ou éprouvé des dégradations de manière qu'ils soient devenus insuffisants pour la sûreté du créancier (2131), malgré le texte, qui semble donner le droit d'option au seul créancier, on s'accorde à distinguer le cas où, le débiteur étant en faute, le choix appartient au créancier entre le remboursement et un supplément d'hypothèque, et le cas où, la perte ou détérioration étant arrivée par cas fortuit, le choix appartient au débiteur.

L'hypothèque supplémentaire n'a aucun effet rétroactif.

En s'appuyant du mot *pareillement*, qui semble relier les art. 2130 et 2131, on voudrait permettre au débiteur n'ayant pas de biens présents une hypothèque sur biens à venir; mais ne serait-ce pas trop rigoureux pour le créancier, obligé de se contenter d'une si faible garantie?

Lorsque l'immeuble hypothéqué qui a péri était assuré, l'indemnité, équivalent de la prime payée par le propriétaire, est distribuée au marc le franc entre tous les créanciers.

Mais le prix dû par l'État au débiteur exproprié pour cause d'utilité publique est distribué aux créanciers hypothécaires (Loi du 7 juillet 1833, art. 54; loi du 3 mai 1843, art. 53).

L'hypothèque s'étend à toutes les améliorations survenues à l'immeuble (2133); améliorations naturelles ou accidentelles, provenant du fait du débiteur ou d'un tiers possesseur (551 et suiv.).

IV. *Du rang des hypothèques.*

L'hypothèque n'acquiert de valeur que par l'inscription. Sans importance dans les rapports entre le débiteur et le créancier, pour l'exécution même de l'obligation que garantit l'hypothèque, l'inscription devient indispensable entre les créanciers (2134) : le rang des hypothèques entre elles est déterminé par la date de l'inscription prise par le créancier sur les registres du conservateur, dans la forme et de la manière prescrites par la loi : *Qui prior est tempore potior est jure.*

Bien qu'en principe toutes les hypothèques sans distinction soient soumises à la formalité de l'inscription, la loi en dispense celles des mineurs et interdits et celles des femmes mariées.

L'hypothèque des mineurs et interdits frappe tous les biens des tuteurs, et prend une seule date invariable pour toutes les créances à quelque époque qu'elle soient nées.

Cette date, fixée par l'art. 2135 au jour de l'acceptation et par l'art. 2194 au jour de l'entrée en fonctions, doit être plutôt fixée au jour où commence la responsabilité, pour plus déterminer et mieux répondre à l'esprit de la loi. Du reste, on peut bien dire que cette époque est la même que celle de l'acceptation : car, pour les tuteurs légitimes et testamentaires, le moment de l'acceptation est le jour où ils ont eu connaissance de l'événement qui les investit de leurs fonctions; pour le tuteur datif, présent à sa nomination, c'est le jour où il a été nommé, et, s'il était absent, le jour de la notification de sa nomination. Dès ce moment aussi, ils sont responsables.

Le créancier inscrit sur les biens du tuteur le jour même où s'établit l'hypothèque du mineur semble devoir concourir avec celui-ci (2147).

Quel rang doit-on assigner à l'hypothèque légale de la femme, lorsqu'il existe avant le mariage une autre hypothèque générale sur les biens présents et à venir du mari ?

Si cette hypothèque générale n'a de rang que par l'inscription (hypothèque judiciaire, légale de l'État, etc.), elle est toujours primée sur les biens à venir par l'hypothèque de la femme, car la loi prenant pour celle-ci inscription au même instant que l'immeuble est acquis au mari, il est certain que cet immeuble se trouve frappé avant que l'autre ait pu être inscrite.

Sauf le cas où elle est inscrite le jour même de l'acquisition (2147), et celui où le nouvel immeuble serait acquis dans un arrondissement où l'inscription serait déjà prise pour des immeubles précédents (2148); alors les deux hypothèques viendront en concurrence.

Si l'hypothèque générale n'a pas besoin d'inscription, elles concourent, car elles frappent l'immeuble au même moment; la loi prend inscription pour les deux en même temps.

On pose en principe que le rang de l'hypothèque légale de la femme est déterminé par la date du jour dans lequel sont nées ou auquel remontent les diverses créances.

Ainsi : 1° pour la restitution de la dot et conventions matrimoniales (2135, n° 2), la loi fixe sans distinction le point de départ au jour du mariage, c'est-à-dire *de sa célébration;* car avant il n'y a point mariage (2131-2°), et alors seulement commencent la gestion et la responsabilité du mari.

Le mot *dot* dans son sens général comprend tous les biens que le mari a reçus de sa femme pour l'aider à supporter les charges du mariage (1540); ici il désigne seulement l'apport actuel : tout ce qui est dotal n'a pas hypothèque au jour du mariage (2135-4°).

Les conventions matrimoniales sont celles contenues au contrat de mariage, par lesquelles le mari assigne des avantages à sa femme.

2° Pour les sommes dotales provenant des successions échues à la femme, ou de donations à elle faites pendant le mariage, l'hypothèque ne date que du jour de l'ouverture de la succession ou du jour que la donation a eu son effet (2135-4°).

3° Pour l'indemnité des dettes qu'elle a contractées avec le mari, l'hypothèque ne date que du jour de l'obligation (2135-5°).

La femme ne peut convenir que cette indemnité prendra naissance à compter du mariage, parce que la loi a fixé une époque par un motif d'ordre public, pour éviter des fraudes. Il n'est pas juste que l'hypothèque existe avant l'acte, origine de la créance, et que la femme prime des créanciers antérieurs. Si on admettait cela, le mari, en simulant des dettes avec obligation solidaire de sa femme, pourrait, sous le nom de sa femme, conserver ses biens au détriment des créanciers.

4° Pour le remploi des propres, l'hypothèque date du jour de la vente (2135-5°).

Outre les créances énumérées par la loi, il peut en exister d'autres pour lesquelles la femme aura aussi, en vertu de l'article 2121, une hypothèque dont le rang sera déterminé par la date de l'événement qui aura fait naître l'obligation du mari. Ainsi il est possible que le mari ait touché une somme par suite de l'exercice de l'action pour lésion de plus du quart dans un partage, l'hypothèque naîtra au moment du triomphe de l'action.

Le mari peut être encore détenteur de sommes paraphernales pour lesquelles l'hypothèque remonte au jour où il les a reçues.

La femme, durant le mariage, ne peut opter entre l'action révocatoire de l'aliénation du fonds dotal et l'action de son hypothèque légale pour être colloquée sur le prix de l'immeuble jusqu'à concurrence de ses biens dotaux aliénés. Elle doit attendre la dissolution, puisqu'elle ne peut exercer l'une et l'autre action qu'à cette époque (1560, 2135).

Lorsqu'un immeuble soumis à l'hypothèque de la femme, ou plutôt à une hypothèque générale, est échangé contre un autre immeuble, il reste soumis à l'hypothèque (2166); et l'immeuble reçu en contre-échange est aussi hypothéqué par cela seul qu'il entre dans le domaine du débiteur.

L'art. 2135 doit s'appliquer aux femmes séparées, car elles sont encore mariées (2121).

L'hypothèque légale protége toutes les créances de la femme ; et la dispense d'inscription ne doit pas être limitée aux cas de l'art. 2135.

L'art. 8 de la nouvelle loi hypothécaire, du 25 mars 1855, réformé le Code Nap. qui prolongeait, au delà du terme des incapacités qui les avaient fait naître, les hypothèques occultes de la femme, du mineur et de l'interdit, sans fixer aucune limite. Aujourd'hui la femme, un an après la mort du mari, les mineurs, un an après leur majorité, doivent prendre une inscription ; faute de la prendre, leur hypothèque ne datera à l'égard des tiers que du jour des inscriptions ultérieures.

Bien que la validité de l'hypothèque de la femme et du mineur ne soit point soumise à l'inscription, il est dans l'intérêt des tiers que cette hypothèque soit inscrite ; aussi la loi charge-t-elle les maris et tuteurs de prendre inscription sur leurs biens ; cette obligation est sanctionnée par la peine du stellionat qu'elle leur inflige, s'ils consentent des hypothèques sur leurs biens, sans déclarer qu'ils sont grevés (2136).

Il semble que le mari de bonne foi dans sa déclaration ou son omission doit échapper au stellionat.

Mais il y sera soumis pour défaut de renouvellement de l'inscription après les dix ans.

Aucune circonstance ne peut suppléer la déclaration expresse, l'art. 2136 est formel. De même en se basant sur le texte qui traite une matière de droit strict, on doit dire que le mari ou tuteur qui *vend* n'est pas stellionataire. D'ailleurs ici il n'y a pas les mêmes inconvénients.

Les subrogés-tuteurs, sous leur responsabilité personnelle (ils sont responsables non envers les mineurs, mais envers les tiers, parce qu'ils ont participé en quelque sorte à la fraude du tuteur, et qu'on veut les punir de même qu'on punit celui-ci), et, à leur défaut, le procureur impérial, les parents et les amis doivent requérir l'inscription (2137-38-39).

Pour ne pas porter une atteinte trop grave et même inutile au crédit du mari et du tuteur, la loi a permis de restreindre l'hypothèque générale sur tous les immeubles à une portion suffisante pour garantir les droits des femmes et des mineurs. C'est un retour à la spécialité.

L'hypothèque de la femme peut être restreinte soit par contrat de mariage (2140), soit pendant le mariage (2144).

Dans le premier cas, la restriction n'est subordonnée qu'à deux conditions : stipulation formelle et majorité des *futurs époux*.

La femme ne peut renoncer à son hypothèque (2140 *in fine*), à cause des dangers qui pourraient en résulter, et que leur éloignement plus ou moins grand l'empêcherait de prévoir.

Dans le second cas, la restriction doit être demandée en justice contre le procureur impérial du consentement de la femme, après avoir pris *l'avis* des quatre *plus proches* parents (ce sont les plus intéressés à empêcher toute fraude). Il faut que la valeur des immeubles sur lesquels on restreint l'hypothèque suffise pour conserver les droits de la femme, et que cette hypothèque n'ait point été déjà restreinte dans le contrat de mariage (2144, comp. à 2143, *pourra pareillement*).

Au reste, la femme peut renoncer à son hypothèque, sans formalité, avec la seule autorisation de son mari, lorsqu'elle traite directement avec les tiers, puisqu'elle peut s'obliger solidairement avec son mari (1431). Elle peut même céder son hypothèque légale ou y renoncer; cette cession ou cette renon-

ciation doit être faite par acte authentique , et les cessionnaires
n'en sont saisis à l'égard des tiers que par l'inscription de cette
hypothèque prise à leur profit ou par la mention de la subrogation en marge de l'inscription préexistante (Loi du 23 mars
1855, art. 9).

On peut aussi restreindre l'hypothèque des mineurs, et il
faut distinguer dans ce cas (2141-2143) :

1° Lorsque la restriction a lieu lors de la nomination du tuteur ; il suffit de l'avis du conseil de famille indiquant les immeubles.

D'après l'esprit de la loi, on accorde la faculté de faire réduire leur hypothèque aux tuteurs absents lors de leur nomination, qui réclament dans le délai de l'art. 439, et même aux
tuteurs testamentaires et légitimes bien qu'ils ne soient pas nom-
més par le conseil de famille, lorsqu'ils font leur demande avant
d'avoir commencé la gestion.

2° Pendant la tutelle, plusieurs conditions sont exigées pour
restreindre l'hypothèque. Il faut qu'elle n'ait pas été restreinte
dans l'acte de nomination du tuteur, que les immeubles excè-
dent notoirement les sûretés suffisantes pour la gestion du tuteur, que la demande soit précédée d'un avis du conseil de
famille, qu'elle soit formée contre le subrogé-tuteur et que le
procureur impérial soit entendu.

Les demandes en restriction ne doivent être accordées que le
procureur impérial entendu, et contradictoirement avec lui
(2145).

Mais pour l'hypothèque légale de la femme, il est partie prin-
cipale dans un intérêt d'ordre public; il peut donc former
appel. D'ailleurs, la loi gardant le silence, cette voie de droit
lui appartient; car elle est toujours censée réservée. Le mari doit
lui signifier le jugement pour faire connaître les délais d'appel.

La femme qui n'aurait pas été appelée à donner son consentement pourrait attaquer le jugement par la tierce-opposition.

Mais si elle est devenue libre depuis le jugement de réduction rendu sur son consentement et passé en force de chose jugée, elle ne peut appeler à la place du procureur impérial; car elle n'agit pas dans l'instance : elle n'intervient que pour donner son consentement. D'ailleurs, elle ne saurait exercer une action publique.

Quant à l'hypothèque légale du mineur, le texte de la loi exige que la demande en restriction soit formée contre le su-brogé-tuteur; il semble donc que le procureur impérial n'est dans ce cas que partie jointe et qu'il ne peut former appel du jugement.

IV. *De l'inscription des hypothèques.*

L'inscription se fait au bureau des hypothèques dans l'arrondissement duquel sont situés les biens hypothéqués (2146). Elle a pour but d'avertir les tiers de l'existence de l'hypothèque. Entre les créanciers inscrits le même jour la date de l'inscription n'a point d'effet; ils viennent en concurrence (2147).

L'inscription donne au créancier hypothécaire l'avantage d'être colloqué avant les créanciers postérieurs, mais il est certains délais pour la validité.

D'après l'art. 2166, l'hypothèque ne peut être utilement inscrite dès que l'immeuble grevé est sorti du patrimoine du débiteur; c'était là un moyen facile de frauder le créancier et de lui faire perdre son hypothèque en vendant l'immeuble à son insu, la translation de propriété n'étant soumise à aucune condition de publicité.

L'art 434 du Code de procédure est venu changer la règle, en permettant aux créanciers venant du chef du propriétaire de faire inscrire leur hypothèque non-seulement jusqu'à l'alié-

nation, mais encore jusqu'à la publicité donnée à cette aliénation par la transcription, et même quinzaine après.

La nouvelle loi du 25 mars 1855 qui exige la transcription
pour les ventes, comme le Code l'exigeait déjà pour les donations, a modifié l'art. 834 du Code de procédure. L'aliénateur
peut valablement consentir des hypothèques tant que l'acquéreur n'a pas transcrit; mais après la transcription, il n'a plus
aucun droit sur l'immeuble, et ses créanciers ne peuvent même
prendre inscription des hypothèques consenties antérieurement
à la vente.

« Les inscriptions ne produisent aucun effet si elles sont
« prises dans le délai pendant lequel les actes faits avant l'ou-
« verture des faillites sont déclarés nuls. » Tels sont les termes
de l'art. 2146 *in fine*.

Mais l'art. 446, Code de com., est venu porter de graves mo-
difications. D'après ce texte, les hypothèques conventionnelles
ou judiciaires sont nulles et sans effet, relativement à la masse,
si elles ont été constituées depuis la cessation des payements
du failli, ou dans les dix jours qui ont précédé, pour dettes antérieurement contractées. La loi ne veut pas que le failli
puisse avantager certains créanciers en les avertissant seuls de
sa position.

Cet article ne s'applique point aux priviléges ni aux hypothèques légales.

Il semble bien pour les hypothèques judiciaires qu'on devrait
distinguer le cas où l'action a été intentée avant ou depuis les
dix jours qui ont précédé la cessation des payements; mais le
texte est formel.

Pour les hypothèques valablement acquises, soit depuis la
cessation des payements, soit dans les dix jours qui ont précédé, elles peuvent être inscrites valablement jusqu'au jour du
jugement déclaratif de faillite (448, Code de com.). Néanmoins

les inscriptions prises après l'époque de la cessation des payements ou dans les dix jours qui précèdent peuvent être décla-
rées nulles, s'il s'est écoulé plus de quinze jours entre la date
de leur constitution et celle de leur inscription (458, Code de
com.). C'est pour empêcher le débiteur de faire considérer
comme libres des immeubles grevés déjà.

On doit maintenir même à l'égard des créanciers antérieurs
au jugement les priviléges et les hypothèques qui garantissent le
payement des obligations, considérées comme condition ou
charge des acquisitions postérieures à la faillite (hypothèque
légale d'un légataire sur une succession échue). Il n'y a là
aucune fraude à craindre.

La nullité des constitutions et inscriptions d'hypothèque
n'existe qu'à l'égard des créanciers entre eux, l'hypothèque
reste valable à l'égard du failli et des créanciers postérieurs à
la faillite.

Il existe un autre cas de nullité (2146-2°) pour les inscriptions prises après la mort du débiteur : si la succession n'a été
acceptée que sous bénéfice d'inventaire, il y a présomption
d'insolvabilité ; les créanciers voisins se seraient empressés de
se faire inscrire au détriment des plus éloignés.

La prohibition n'atteint que les créanciers du défunt, mais
rien n'empêche tout autre créancier de prendre inscription sur
un immeuble dont la succession est tiers-détentrice ; un créancier du défunt pourra même s'inscrire sur un immeuble possédé
par un tiers acquéreur ; car il ne peut résulter de là aucun
préjudice pour les autres.

D'après le texte, l'acceptation sous bénéfice d'inventaire,
ayant un effet rétroactif, doit annuler toutes les inscriptions
prises depuis l'ouverture de la succession.

L'article 2146 s'applique à *fortiori* à une succession répudiée,
mais non à celle échue au mineur qui doit être toujours ac-

ceptée sous bénéfice d'inventaire. L'esprit de la loi s'y oppose ; il n'y a aucune présomption d'insolvabilité.

Généralement, on peut s'inscrire après la mort du débiteur (2149).

Aucun texte de loi ne permet d'étendre les art. 446 et 448, Code com., à la déconfiture.

La faillite et l'acceptation bénéficiaire ne sont point un obstacle au renouvellement des inscriptions qui ne fait que converser.

L'inscription de l'hypothèque donne au créancier l'avantage d'être colloqué, non-seulement pour le capital, mais encore pour deux années d'intérêts et l'année courante, sans préjudice des inscriptions particulières à prendre pour les autres arrérages, et prenant rang à leur date (2151).

Les intérêts et arrérages, dus au moment de l'inscription de la créance qui les produit, sont colloqués au même rang que le capital, si l'inscription en fait mention.

Ceux dont parle l'art. 2151 sont les intérêts à échoir, *deux années* sans distinction, plus *l'année courante*, c'est-à-dire l'année dans laquelle le créancier exerce son hypothèque ; dans le cas de vente sur saisie immobilière, celle qui a cours au moment de la dénonciation de la saisie (2151-689, Code proc.) (les intérêts étant présumés payés avec les fruits, doivent s'arrêter au moment de la dénonciation qui immobilise les fruits) ; et dans les autres cas, celle où le créancier forme sa demande en collocation.

L'année courante commence à partir du dernier jour anniversaire de l'inscription, et finit au jour de la dénonciation ou celui de la demande en collocation, suivant les cas.

Quant aux intérêts et arrérages qui ont couru depuis le jour où le créancier a formé sa demande en collocation jusqu'à la collocation elle-même, ils seront colloqués au même rang que le capital. Le créancier a fait ce que la loi exigeait; il ne doit pas être victime des lenteurs et des négligences.

L'art. 2151 s'applique aux arrérages des rentes viagères qui sont les intérêts d'une créance, et ne peuvent être considérés comme représentant une partie du capital (1968-1976).

Il s'applique aussi aux hypothèques légales soumises à l'inscription.

DE LA SURENCHÈRE SUR ALIÉNATION VOLONTAIRE.
(Code de proc. civ.)

Le prix des immeubles vendus doit être employé à payer les créanciers hypothécaires, suivant l'ordre de leurs inscriptions (2166). S'il n'est pas suffisant pour les désintéresser tous, ceux qui ne viennent pas en rang utile peuvent, lorsqu'ils pensent que l'immeuble s'est vendu au-dessous de sa valeur, offrir une somme supérieure au prix de la vente (ce qui constitue la surenchère), et provoquer la mise aux enchères et adjudication publique de l'immeuble (2185).

C'est un moyen d'empêcher la fraude du débiteur qui aurait pu s'entendre avec l'acheteur et lui vendre son immeuble à vil prix.

Le droit de suite existe au profit des créanciers hypothécaires, tant que l'acquéreur ne leur a point fait connaître la vente par les notifications prescrites par l'art. 2183, ou le mode indiqué par l'art. 2194, suivant leur qualité, et ne les a point ainsi mis en demeure de former leur surenchère.

La surenchère doit être formée dans les quarante jours qui suivent la notification, par le créancier surenchérisseur tenu de requérir la mise aux enchères, de la signifier au nouveau propriétaire et au débiteur, avec soumission de porter ou faire porter le prix de l'immeuble à un dixième en sus, et offre de caution jusqu'à concurrence du prix et des charges (2185), ou copie de l'acte constatant la réalisation d'un nantissement en argent ou en rentes sur l'État (833-2°, C. proc.).

Le créancier surenchérisseur ne peut se désister de sa surenchère, et s'il ne fait point les poursuites dans le mois, par négligence ou fraude, les autres créanciers auront le droit de se
faire subroger à la poursuite du premier surenchérisseur
(2190-833, C. proc.), aux risques et périls de celui-ci, et sans
qu'il soit dégagé de son offre.

La validité de la subrogation est soumise à celle de la surenchère, qui doit, à peine de nullité, être faite conformément
aux art. 2185 et 832, C. de proc.

Les art. 836 et 837, C. de proc., indiquent les formalités à
suivre pour arriver à la vente sur surenchères.

Le surenchérisseur sera déclaré adjudicataire s'il ne se présente pas d'autre surenchérisseur (838-1°, C. proc.). L'art. 838
détermine ensuite certains points communs entre la vente sur
surenchère, véritable expropriation forcée, et la saisie immobilière.

Après l'adjudication, il ne peut plus y avoir de surenchère (838-8°).

DE L'ORDRE.

(Code de proc. civ.)

L'ordre est la distribution du prix d'un immeuble entre les
créanciers privilégiés et hypothécaires, suivant l'*ordre* ou le
rang de leurs priviléges ou hypothèques.

Dans le mois de la signification du jugement d'adjudication,
s'il n'est pas attaqué, en cas d'appel, dans le mois de la signification du jugement confirmatif, les créanciers et la partie
saisie peuvent se régler entre eux à l'amiable, sur la distribution du prix de l'immeuble vendu (749).

S'ils n'usent point de cette faculté que leur laisse la loi, le
saisissant dans la huitaine, et à son défaut, après ce délai, le

créancier le plus diligent ou l'adjudicataire peuvent poursuivre l'ordre (750). En cas de retard ou de négligence dans ces poursuites, la subrogation peut être demandée (779).

. Sur la réquisition du poursuivant, le tribunal nomme un juge commissaire (751), qui ouvre le procès-verbal d'ordre et y annexe un extrait délivré par le conservateur de toutes les inscriptions existantes (752). Il délivre au poursuivant une ordonnance en vertu de laquelle les créanciers sont sommés de produire leurs titres et leur demande en collocation, le tout dans le délai d'un mois (753-54).

: Les créanciers peuvent bien produire après ce délai sans encourir de déchéance ; mais ils supportent alors, sans répétition et sans pouvoir les employer, les frais auxquels leur production tardive donne lieu. Ils sont garants des intérêts courus à compter du jour où ils auraient cessé, si la production eût été faite (757).

. Le mois expiré, ou avant si les créanciers ont produit, il est dressé par le juge commissaire, sur les pièces produites, un état de collocation dont le poursuivant doit dénoncer la confection aux créanciers produisants et au saisi, avec sommation d'en prendre connaissance et d'y contredire, s'il y échet, dans le délai d'un mois, sous peine de forclusion (755-56).

. En cas de contestation sur certaines créances, le commissaire renvoie les contestants à l'audience, arrête l'ordre pour les créanciers antérieurs, et ordonne la délivrance des bordereaux de collocation à ces derniers (758).

Les créanciers postérieurs en ordre d'hypothèque aux collocations contestées, sont tenus de s'accorder sur le choix d'un avoué, sinon ils sont représentés par celui du dernier colloqué (760) ; le jugement est rendu sur le rapport du juge commissaire et les conclusions du ministère public (762) ; quinzaine arès, et en cas d'appel quinzaine après la signification de l'arrêt, le juge commissaire arrête définitivement l'ordre, et les intérêts et arrérages des créanciers utilement colloqués cessent de courir (767).

Dans le cas où il ne s'élève aucune contestation, le juge commissaire clôture l'ordre, liquide les frais, prononce la déchéance des créanciers non produisants, ordonne la délivrance des bordereaux de collocation aux créanciers utilement colloqués, et la radiation des inscriptions des autres (759).

Dans les dix jours après l'ordonnance du juge-commissaire, le greffier délivre à chaque créancier utilement colloqué le bordereau de collocation, exécutoire contre l'acquéreur (771).

Le conservateur, au fur et à mesure du payement des collocations, sur la représentation du bordereau et de la quittance, décharge d'office l'inscription, jusqu'à concurrence de la somme acquittée (773).

En cas d'aliénation autre que celle par expropriation (vente ou donation amiables, ventes judiciaires, 953-970), l'ordre ne peut être provoqué, s'il n'y a plus de trois créanciers inscrits; et il l'est par le créancier le plus diligent ou l'acquéreur, après l'expiration des trente jours qui suivent les délais présents, par les art. 2185 et 2194 du Code Nap. (775).

S'il n'y a que trois créanciers, l'ordre n'a pas lieu, et, faute par eux de s'entendre, leurs prétentions sont réglées par le tribunal, sans observer les formes de l'ordre.

DROITS DES CRÉANCIERS HYPOTHÉCAIRES EN CAS DE FAILLITE.
(Code de comm.)

L'hypothèque confère au créancier un droit de préférence sur les immeubles (2094); mais elle reste sans effet sur les meubles (2114-2118-2119), qui sont toujours le gage de tous les créanciers sans distinction.

Dans une faillite où se trouvent des meubles et des immeubles, on fait une masse des sommes provenant de la vente des immeubles, réservée à désintéresser les créanciers dont les droits sont garantis par une hypothèque ; et les sommes provenant de la vente des biens meubles forment une seconde masse, dite chirographaire.

1° Si la distribution du prix des immeubles se fait antérieurement à celle du prix des meubles ou simultanément, les créanciers hypothécaires colloqués sur le prix des immeubles pour la totalité de leurs créances n'ont point à intervenir.

Mais les créanciers hypothécaires qui n'étaient point en rang utile, dont les créances auront été vérifiées et affirmées, concourront avec les créanciers cédulaires sur la masse chirographaire ; et ceux qui n'ont été colloqués que pour partie concourront aussi pour ce qui leur reste dû (552).

2° Si la distribution des deniers mobiliers précède celle du prix des immeubles, les créanciers hypothécaires vérifiés et affirmés concourront aux répartitions dans la proportion de leurs créances totales (553).

Ensuite, la vente des immeubles et le règlement définitif de l'ordre entre les créanciers hypothécaires étant opérés, ceux d'entre eux qui viendront en ordre utile sur le prix des immeubles, pour la totalité de leurs créances, ne toucheront le montant de leur collocation hypothécaire que déduction faite des sommes par eux perçues dans la masse hypothécaire, qui retourneront à la masse chirographaire (554) ; ceux qui ne seront colloqués que partiellement devront ne conserver de la masse chirographaire qu'une somme proportionnelle à celle dont ils sont restés créanciers après la collocation immobilière, et l'excédant des deniers, par eux perçus dans la distribution antérieure, leur sera retenu sur le montant de la collocation hypothécaire, et reversé dans la masse chirographaire (555).

. Enfin ceux qui ne viennent point en ordre utile seront considérés comme chirographaires, et conserveront ce qu'ils ont
touché (556).

QUESTIONS.

I. L'hypothèque ne peut être valablement constituée que
par mandat sous forme authentique.

II. L'enregistrement dans le délai légal de l'acte notarié
contenant constitution d'hypothèque n'est pas nécessaire à la
validité de cette hypothèque.

III. L'hypothèque consentie pour un crédit ouvert ne peut
pas prendre rang, bien qu'elle soit inscrite, avant le jour de
la réalisation du crédit.

IV. La ratification faite par le mineur devenu majeur, d'une
hypothèque constituée en minorité, ne lui donne aucun effet
rétroactif contre les hypothèques postérieures en date, mais
constituées en majorité.

V. Le rang des hypothèques générales soumises à l'inscription
se détermine sur l'immeuble situé dans un bureau où elles ont
été déja inscrites, par les différentes dates de leur première
inscription.

VI. L'inscription n'est point nulle pour défaut d'élection de
domicile.

VII. L'hypothèque légale frappe les immeubles acquis par le
débiteur depuis qu'il a perdu la qualité de mari, tuteur rece-
veur ou administrateur comptable.

. Vu par le Président de la thèse,
OUDOT.

Vu par le Doyen, Président de la thèse,
C.-A. PELLAT.

www.ingramcontent.com/pod-product-compliance
Lightning Source LLC
Chambersburg PA
CBHW071420200326

41520CB00014B/3502